STATISTIQUE

THÉATRALE.

N.º 1.

STATISTIQUE

THÉATRALE.

N° 1.

REVUE DU THÉATRE-FRANÇAIS.

PARIS,

CHAUMEROT, LIBRAIRE AU PALAIS-ROYAL,

GALERIE D'ORLÉANS, N. 4.

1829.

STATISTIQUE

THÉATRALE.

REVUE DU THEATRE-FRANÇAIS.

Le Kain s'avança un jour d'un air modeste vers le parterre, et dans un petit discours bien humble, il déplora l'indifférence que le public montrait depuis quelque temps pour la Comédie-Française, qui était autrefois son théâtre favori. Il n'eut garde d'attribuer cet abandon au caprice des spectateurs. Si les efforts des comédiens n'étaient pas heureux, il fallait, dit-il, n'imputer ce malheur qu'à la faiblesse de la troupe, et cette troupe comptait alors, indépendamment de Le Kain, reçu tout récemment, Granval, Bellecour, Auger, Mlles Duménil, Clairon, Gaussin, Dangeville, et plusieurs autres sujets distingués. L'orateur termina sa harangue en annonçant que dans le désir et l'espérance de ramener et de fixer les spectateurs, la Comédie-Française avait résolu d'offrir chaque soir, après la petite pièce, des ballets-divertissemens.

Si une troupe comme celle dont je viens de citer les principaux sujets fut obligée, pour se soutenir, d'appeler des danseurs à son secours, celle qui nous reste aujourd'hui n'aurait-elle pas besoin de toute l'académie chorégraphique? C'est grand dommage que la coutume des complimens de clôture et d'ouverture soit tombée en désuétude; il serait curieux d'entendre les orateurs de la troupe tragi-comique expliquer les causes de la décadence de l'art théâtral, et annoncer les moyens dont ils se sont avisés pour en arrêter le cours. Sans doute on aurait moins de foi aujourd'hui que du temps de Le Kain au dicton : *Toujours va qui danse*; la Comédie-Française pourrait danser de toutes ses forces et ne pas aller du tout. Aurait-elle le courage de déclarer que la désertion du public n'a d'autre cause que le peu de talent des acteurs? quel comédien se chargerait de venir faire à haute voix un pareil aveu? C'était bon du temps de Le Kain et de ses camarades.

On peut soupçonner que le porte-parole de la comédie, pour se tirer d'affaire, plaindrait les acteurs d'être venus trop tard, d'être arrivés précisément à une époque où Molière, Regnard, Corneille, Racine et même Voltaire, vieillis, surannés, usés jusqu'à la corde, n'offrent plus d'attrait, surtout à une génération dont la sagacité, dont le goût plus éclairé a découvert que tous ces gens-là n'entendaient rien à l'art dramatique et avaient travaillé d'après un système faux, étroit et mesquin. Alors, à côté de l'indication du mal se trouverait naturellement celle du remède, et au lieu de dire qu'on va danser, on annoncerait qu'on est résolu à *romantiser* : qu'on me pardonne ce néologisme :

Il faut un nouveau nom pour un nouvel empire.

Cependant, comme cette déclaration officielle n'a pas encore été faite, il est permis de chercher d'autres causes du déplorable état où est plongé ce théâtre, jadis la gloire et les délices de la nation, que celles qui seraient indiquées par les gens intéressés à dissimuler les véritables.

D'abord la nature n'a pas pris l'engagement de produire, pour nos plaisirs, régulièrement et à époques fixes, de grands artistes toujours prêts à remplir le vide que laisserait la retraite ou la mort de ceux qui auraient brillé plus ou moins long-temps sur la scène. Le théâtre a ses périodes fécondes ou stériles, comme les champs ont leurs bonnes ou mauvaises années, et il paraît que ce sont les vaches maigres qui paissent aujourd'hui dans le pré dramatique.

J'ai entendu un homme d'esprit qui a souvent des idées aussi justes qu'originales, soutenir que la destruction ou du moins l'affaiblissement considérable du préjugé qui s'attachait autrefois à la profession, et, par contre-coup, à la personne du comédien, avait beaucoup contribué à rendre plus rare l'apparition d'acteurs d'un talent supérieur. Pour braver ce préjugé, pour franchir le fossé creusé, pour ainsi dire, autour de la carrière dans laquelle s'élançait un jeune comédien, il fallait une vocation bien prononcée, bien ardente, un amour bien passionné pour l'art théâtral, et sans ces dispositions **exaltées**, il est difficile de s'élever jamais au-dessus de la médiocrité. Maintenant, un jeune homme cherche *à vivre*; il sollicite aujourd'hui un emploi d'expéditionnaire dans une administration, demain une place de commis dans un magasin : ses démarches sont infructueuses, il se fait comédien, et débite des rôles, pour avoir du pain, comme il aurait copié des lettres, comme il aurait auné des étoffes.

Notre homme aux paradoxes prétendait encore que l'usage d'annoncer sur l'affiche le nom des comédiens qui jouent dans les pièces avait eu les résultats les plus nuisibles pour l'art théâtral et dramatique. Certes, cet étalage anticipé de la marchandise en vente annonce de la loyauté commerciale. On ne veut pas que le chaland achète, comme on dit, chat en poche; mais on a ainsi accoutumé le public à venir au spectacle, non plus pour les ouvrages, mais uniquement pour les acteurs; et par une conséquence toute naturelle, les comédiens, plus sensibles à l'intérêt de leur amour-propre qu'à celui de l'art même, se sont attachés, non pas à être bons dans tous les rôles, mais à ne jouer que les rôles où ils sont bons. Il en résulte que ni les acteurs ni les spectateurs ne connaissent le répertoire, si riche autrefois, et circonscrit désormais à un petit nombre de pièces, dont le choix dépend tout-à-fait du talent spécial de tel ou tel comédien.

On pourrait sans doute découvrir et indiquer plusieurs autres causes du triste état de notre premier théâtre, mais nous nous apercevons, peut-être un peu tard, que nous sommes un peu loin du but que semblait indiquer le titre de cette brochure. Nous prions nos lecteurs de le regarder comme une espèce d'introduction à la *Statistique théatrale*, ou plutôt à la revue nominale, à l'examen personnel que nous allons entreprendre.

Par qui commencerons-nous? Notre embarras n'est pas celui des richesses; car nous ressemblons à ces malheureux qui après un naufrage, un vol, un incendie, enfin un grand désastre, de quelque nature qu'il soit, réunissent les débris de leur fortune et s'efforcent d'oublier ce qu'ils ont perdu pour s'occuper de calculer ce qui leur reste.

Sans avoir encore atteint la dernière saison de la vie, on a pu voir la comédie et la tragédie jouées par une réunion d'acteurs qui, dépositaires des bonnes traditions, et possédant assez d'intelligence et de talent pour les faire valoir, soutenaient, s'ils ne l'accroissaient pas, la gloire du théâtre Français. Cet héritage était assez beau pour qu'on dût des éloges et des encouragemens à ceux qui le conservaient à peu près intact; l'augmenter eût été difficile; Talma est le seul qui ait osé l'entreprendre; le succès a couronné son audace. Je viens de citer un grand tragédien dont la perte est trop récente pour que son souvenir ne soit pas encore présent à la génération actuelle des jeunes spectateurs; mais elle ignore jusqu'au nom des comédiens qui contribuaient il y a vingt-cinq ans à cet admirable ensemble dont on chercherait en vain la moindre trace. Nous ne voudrions pas gager que le nom de ces acteurs fût connu même de ceux qui leur ont succédé sans les remplacer, qui s'habillent dans les mêmes loges, jouent les mêmes rôles, touchent les mêmes appointemens et peut-être de plus forts, et ne se doutent pas qu'il y ait rien de changé au Théâtre-Français. Ingrats, imprudens que nous étions! nous nous plaignions alors, car c'est la manie de tous les temps, et il faut s'étonner qu'aucun des philosophes qui se sont évertués sur la définition de l'homme social, n'ait songé à l'appeler un animal plaintif. Nous nous plaignions alors de la décadence du théâtre, que dirons-nous maintenant? rien; les petites douleurs sont babillardes, les grandes sont muettes. Occupons-nous du recensement de ce que nous possédons encore, en prenant garde que les regrets du passé ne nous rendent injustes envers le présent.

Après un peu de bavardage nous voici revenus à la question; par où commencerons-nous? à qui donnerons-nous

Des vains honneurs du pas le frivole avantage?

A Melpomène ou à Thalie? alors où classerons-nous les sujets qui les servent toutes deux, et trop souvent aussi mal l'une que l'autre?

Ma foi, sans observer l'ordre des matières, prenons pour règle cet axiome: *à tout seigneur tout honneur*; saluons d'abord *duces gregis*, les chefs du troupeau, et avec tous les égards dus au sexe, à la beauté, au talent, faisons comparaître :

Mademoiselle MARS. Toutes les formules de l'éloge, toutes les exagérations de la flatterie ont été épuisées pour cette actrice; j'aime à reconnaître qu'elle justifie en grande partie l'enthousiasme qu'elle inspire, et je le partagerais peut-être, s'il n'allait jusqu'au délire, jusqu'au fanatisme. Je la louerais davantage, si elle eût été moins louée. Ce qui me préserve d'ailleurs de l'extravagante exaltation, non des admirateurs, car il y a long-temps que les limites de l'admiration sont dépassées, mais des adorateurs de mademoiselle Mars, dont le culte est presque de l'idolâtrie, ce qui me garantit de cette manie contagieuse, c'est que j'ai connu dans les jeunes rôles une actrice bien supérieure à tout ce que peut être aujourd'hui Mlle Mars dans le grand emploi; et cette actrice délicieuse, parfaite, ravissante, c'était Mlle Mars elle-même.

Quand pour déployer le manteau de la grande coquette, quand pour traîner exclusivement la longue queue de la robe de cour, Mlle Mars a quitté le fourreau et la jupe ronde des *ingénuités*, que de grâces, que de charmes elle a laissés dans ces modestes atours! aucune de nos jeunes actrices ne s'est encore avisée de les y aller chercher.

Mlle Mars sentait aussi bien que le public sa supériorité dans un emploi où elle a surpassé de bien loin toutes ses devancières, où elle ne sera jamais égalée; et elle ne l'a abandonné que le plus tard possible. Ce n'est pas un reproche que j'adresse à la coquetterie de la femme, c'est une justice due à la complaisance de la grande comédienne qui appréciait le service qu'elle rendait à l'art théâtral en prolongeant l'existence d'un modèle qu'on ne devait plus retrouver. Hélas! il ne m'est jamais arrivé de voir et même d'admirer Célimène, Araminte, Silvia, sans dire tout bas : Agathe, Charlotte, Henriette, Marianne, qu'êtes-vous devenues! En effet, nous perdions pour le jeune emploi une

omédienne au-dessus de toute comparaison, et malgré moi
on souvenir établissait un parallèle entre la grande co-
uette qui lui succédait et l'immortelle comédienne dont
tte grande coquette prenait la place. Mlle Mars, qui a
nnu Mlle Contat, qui a joué, qui a été applaudie à côté
elle, sanctionnera sans doute les éloges que je donne-
i à une des actrices les plus parfaites qui aient jamais
ru sur la scène. Je ne chercherai pas à deviner la pen-
e intime de Mlle Mars. L'amour-propre d'une femme, la
nité d'une comédienne ont des secrets qu'il serait té-
éraire de vouloir pénétrer. Mais je dirai sans craindre
être démenti, au moins tout haut, par celle qui peut se
garder comme sa rivale, que Mlle Contat jouait les mêmes
les que Mlle Mars remplit aujourd'hui dans la véritable
médie, sinon avec plus d'intelligence, de finesse et de grâce,
moins avec plus d'éclat et de force comique; et sous ces
ux rapports, Mlle Mars, au gré de beaucoup d'amateurs
lairés, est surpassée dans quelques personnages par l'ac-
ce qui partage avec elle l'emploi des grandes coquettes.

Mlle Mars a reçu de la nature bien des dons précieux :
e physionomie à la fois noble et gracieuse, des traits mo-
es et expressifs, un œil éloquent, une bouche agréable
e le parler embellit; aussi le caractère distinctif de son
ent, et l'on pourrait dire le secret de tous ses succès, c'est
ccord parfait, l'harmonie enchanteresse de la parole, du
ste et du regard.

Mais la nature, si prodigue qu'elle soit envers un de ses
fans, lui refuse toujours quelque chose, comme pour té-
igner que la perfection ne peut jamais être le partage
ne créature humaine.

On s'aperçoit souvent, et avec regret, que Mlle Mars
dépourvue de cette sensibilité vraie et profonde qu'on
ut regarder comme la qualité la plus précieuse du comé-
n, quand elle est accompagnée des moyens de la commu-
uer aux spectateurs. Par une bizarrerie que peuvent seuls

expliquer les caprices de la vanité ou les conseils de f
teurs ignorans, Mlle Mars semble affectionner depuis qu
que temps les rôles les plus propres à faire remarquer l'a
sence de cette sensibilité à laquelle l'art le plus profond
suppléera jamais qu'imparfaitement. Les drames histo
ques, les tragédies bourgeoises de nos auteurs romantiqu
exigent surtout dans les comédiens le don des larmes,
dans les spectateurs des dispositions larmoyantes. Mlle M
sait communiquer au public les impressions les plus vi
et les plus variées ; mais jamais elle n'a fait couler u
larme, parce que jamais sa voix ne s'est attendrie, jam
ses yeux ne se sont mouillés.

Un grand acteur, dont la sensibilité était la qualité
plus exquise, qui s'est fait une certaine réputation com
auteur dramatique, et a laissé de grands souvenirs com
professeur de l'art théâtral, aimait passionnément Mlle Ma
c'est lui qui présida à ses débuts, qui dirigea ses pas d
la carrière qu'elle a si glorieusement parcourue. Mon
enfin, mécontent du seul défaut que l'on reproche
jourd'hui à celle qu'il chérissait comme sa fille, trahit
jour un secret dont la révélation était d'ailleurs assez ine
férente au public : Est-il possible, s'écria-t-il, est-il possi
qu'une fille qui appartient à deux créatures toutes brûlan
soit si froide, si glacée !

Il paraît que les élémens réfrigérans provenaient de la mè
car la sœur aînée de mademoiselle Mars, dans sa très-cou
carrière dramatique, ne se distingua pas non plus par
chaleur et sa sensibilité.

En analysant le talent de Mlle Mars, j'ai cité madem
selle Contat, et ce rapprochement est le plus bel él
que j'aie pu faire de la grande actrice qui règne auj
d'hui sur le théâtre. Rappeler Mlle Contat seulement
quelques-unes de ses qualités, est un honneur auquel
de comédiennes peuvent prétendre, et qu'on ne sau
contester à

MLLE LEVERD. L'énergie, l'éclat, la verve comique, sont
principales qualités. Leur effet est affaibli par un dé-
t de prononciation que les flatteurs de coulisses (et les
nédiennes ne manquent jamais de cette espèce de courti-
s), appellent sans doute un grasseyement agréable, mais
je nommerai franchement un vice d'organe. Peut-
fût-elle parvenue à le corriger, si dans sa jeunesse on
eût parlé de Démosthènes et du singulier remède qu'il
gina pour une imperfection à peu près semblable. Si la
ue Emilie eût mâché des cailloux, peut-être Mlle Leverd
mâcherait-elle pas aujourd'hui bien des mots de ses rôles ;
prononciation, plus libre et plus nette, ferait mieux res-
tir la justesse de ses intentions, et l'oreille du specta-
r, qui ne serait plus obligée de s'accoutumer au choc
iodique de certaines consonnances, jouirait mieux de la
esse, du charme et de la variété d'un débit toujours pur
toujours animé. Mlle Leverd était fort jolie avant d'être
pée de la maladie la plus funeste à la beauté. Des amis
nplaisans, en qui elle a plus de foi qu'en son miroir
ne, lui disent qu'elle n'a rien perdu en échappant à ce
u : j'ai trop de politesse et de sensibilité pour con-
lire et affliger personne. Quoi qu'il en soit, sa jolie
, sa figure mignonne et délicate n'a jamais été en har-
nie avec les autres proportions de sa personne . et l'en-
ible seul constitue la véritable beauté.

Des malins prétendent qu'il n'y a pas encore long-temps
Mlle Leverd pleurait quand ce n'était pas elle qui jouait
ôle de ROSINE du *Barbier de Séville*. Oh ! qu'elle est
dans madame Patin, qu'elle n'a voulu jouer que deux
trois fois. Mlle Contat ne l'égalait pas dans ce rôle,
ce qu'elle paraissait s'amuser avec le public de son es-
e de travestissement ; Mlle Leverd y a mis un naturel
uis et un comique parfait. Elle a, dans l'emploi des
ndes coquettes, précisément ce qui manque à Mlle
rs, du brillant, de la force, de l'audace, enfin tout ce
convient à la représentation de personnages à qui leur
ssance, leur rang, leur position et leurs succès dans le

monde ont dû donner une confiance, une assurance qui
leur permettent pas de se contenir dans les bornes étroi
de la modestie et d'une austère décence.

Mais Mlle Contat, que Mlle Leverd a quelquefois le bo
heur de nous retracer dans ces rôles, avait vécu dans
monde, avait fréquenté des personnages desquels elle av
pu emprunter ce ton de la grande société, ce vernis d'é
gance qui cachaient ce que l'impertinence même aurait
de trop choquant. Cette école a manqué à Mlle Leverd;
n'est pas sa faute, c'est celle du temps où elle est venue,
si l'on me permettait de rendre mon idée par une ima
et une expression un peu hasardées, je dirais que *Mlle L*
verd est Mlle Contat en sabots.

ARMAND. Cet acteur jouit du rare privilége de conserve
bien au-delà du terme ordinaire, les traits, les formes
tout l'extérieur de la jeunesse : ce n'est pas moins heure
pour la comédie que pour lui. Armand a vu quelques-u
des acteurs qui ont fait la gloire du théâtre et qu'on a p
nommer les derniers des Romains. S'ils ne l'ont pas fait h
ritier de leur talent, c'est à eux du moins qu'il doit cet
élégance, cette manière de parler à une femme, cette a
sance à porter l'épée et l'habit français, enfin ce bon t
et ce bon goût que lui seul possède encore à la Comédi
Française.

Armand a toujours été, et il est encore un acteur fo
agréable dans les chevaliers étourdis, les marquis liberti
et les jeunes officiers bien légers, bien amoureux; ma
quand il s'agit d'aborder le haut emploi, de retracer c
grands caractères comiques, vigoureusement dessinés,
Misanthrope, le Dissipateur, le Glorieux, etc., etc., ol
alors, le pauvre Armand succombe sous le fardeau :

Versate diù quid ferre recusent,
Quid valeant humeri!

ui donc aujourd'hui aurait les épaules assez vigoureuses
our porter le poids du grand répertoire? Qui? un seul ac-
ur... et c'est

Lafon. Il y a long-temps que les vœux de Lafon, d'ac-
rd avec ceux du public, l'appelaient à recueillir l'héritage
e Molé et de Fleury. Damas en avait la possession, et la
rie des aspirans dans l'ordre chronologique rejetait Lafon
quatrième ou au cinquième rang. Une pareille place ne
ouvait être la sienne; il sentait bien que la première
ns l'emploi tragique ne lui appartiendrait jamais tant que
alma vivrait. Ce n'est pas que Lafon ne soit un tragédien
ès-estimable sous beaucoup de rapports. Comme il a reçu
e bonne et forte éducation et qu'il est très-lettré, ce
i, à la honte des comédiens, est une exception parmi
x, il comprend parfaitement ses rôles, en saisit les moin-
es nuances; son débit est pur, bien accentué, quelques-uns
sent un peu trop *accentué*. — Il a de la chaleur, mais
ut-être n'en soutient-il pas assez les élans; c'est ce qui
sait dire plaisamment à Dugazon, de qui Lafon a reçu
s conseils: « C'est un bon enfant, il a de la colère, mais
n'a pas de rancune. »

Des trois ressorts tragiques, l'admiration, la pitié, la ter-
ur, le dernier est celui que Lafon fait jouer le moins heu-
usement. Il n'a point dans la physionomie cette empreinte
fatalité qui chez Talma faisait reconnaître au premier
up d'œil le personnage tragique. Aussi Lafon frappe-t-il
rement l'esprit et l'ame des spectateurs de ces impressions
ofondes et terribles qui les associent pour ainsi dire aux
ortunes et aux fureurs du héros qu'ils contemplent; mais
xcelle dans tous les rôles *en dehors*, dans tous les per-
nages chevaleresques qui demandent de la verve, de la
leur et une généreuse exaltation.

Presque toutes les qualités de Lafon pouvaient se déve-
per avec le même bonheur dans les grands rôles de co-
die, si on lui eût permis de se livrer à ce genre; mais la

médiocrité l'a redouté, et elle a rendu hommage à son talent par toutes les intrigues de coulisses, par toutes les manœuvres de vanité propres à éloigner ou à dégoûter cet acteur. Elle s'est appuyée sur les *réglemens* qui avaient marqué la place de chaque comédien ; mais les réglemens ont sans doute pour objet principal l'intérêt et la gloire du théâtre, et c'est leur donner une interprétation bien bisarre et bien funeste, que d'y chercher des raisons et des moyens de se priver d'un sujet distingué, utile, indispensable.

Les succès que Lafon a obtenus dans tous les rôles qu'il a essayés, prouvent trop qu'il est le seul capable de jouer les grands caractères à la satisfaction du public, et d'une manière digne du théâtre qui fut et qui devrait être encore le premier de l'Europe.

Firmin. *Qui peut ne sait, qui sait ne peut :* le nom de Firmin rappelle ce vieux dicton. Firmin sait et sait très bien : ah! s'il pouvait! L'amour de son art, une intelligence parfaite, une chaleur vraie, une sensibilité profonde, un abandon intéressant, parce qu'il n'est jamais sans noblesse telles sont les principales qualités de cet acteur. Il est impossible de mieux concevoir l'ensemble d'un rôle, d'en mieux saisir toutes les nuances. Comment avec tous ces avantages que relève encore le soin modeste de chercher les conseils et d'en profiter, comment Firmin ne s'est-il pas élevé à une de ces réputations dont l'éclat efface tout ce qui les environne et qui survivent à l'acteur? c'est que la nature, qui a prodigué à Firmin tant de dons précieux, ne lui a pas départi avec la même générosité les moyens de les faire valoir. Les émotions d'un comédien sont vraies, sont vives, sont profondes; c'est du talent perdu s'il ne parvient pas à communiquer avec la même force aux spectateurs tout ce qu'il éprouve lui-même. Tout le malheur de Firmin est que son organisation physique ne soit pas en rapport parfait avec son organisation morale. Sa voix, ses traits, sa personne tout entière, sont insuffisans pour exprimer les sentimens

nergiques et chaleureux dont il est pénétré. On ferait un
bon comédien de ce que Firmin perd dans l'intervalle qui
sépare le théâtre de la salle, et les efforts qu'il est obligé
de faire pour suppléer à la faiblesse de ses organes, le fati-
guent et l'épuisent. C'est, comme on dit proverbialement,
la lame qui use le fourreau. Quel dommage ! toute la capa-
cité intellectuelle de Firmin est comprimée par son inca-
pacité physique. Il est condamné à rester circonscrit dans
de petites portions, et il ne sera jamais que la miniature
d'un grand talent.

Mlle Rose Dupuis. Cette actrice est plus recommandable
par les défauts dont elle est exempte que par les qualités
qu'elle possède. Elle laisse bien peu de prise à la critique, mais
ne produit jamais ces impressions vives et soudaines dont
le secret n'appartient qu'au vrai talent. Le débit de mademoiselle Dupuis est juste, sa diction agréablement va-
riée ; ses intentions sont toujours vraies dans l'ensemble
comme dans les détails d'un rôle ; son maintien, ses gestes
ne manquent ni de noblesse ni de grâce. Pourquoi tout
cela n'est-il pas échauffé, animé par cette flamme intérieure
dont le cœur d'un grand comédien est le foyer ! Mlle Rose
Dupuis est bonne partout, mais elle n'est supérieure nulle
part.

Mlle Bourgoin. Cette demoiselle, pendant les premières
années qui suivirent ses débuts, a été une des plus jolies
femmes qu'on pût voir, et une des actrices les plus médiocres qu'on pût entendre. Le temps, qui n'a pas respecté ses
charmes, n'a rien ajouté à son talent ; il a même ôté à ses
défauts ce qui en cachait une partie et faisait presque par-
donner l'autre, la jeunesse et la beauté ; de façon qu'aujourd'hui Mlle Bourgoin est beaucoup moins jolie et un peu
plus mauvaise. Son débit n'a jamais été qu'une psalmodie
monotone, et son jeu une prodigalité de gestes sans motif,
sans but, comme sans grâce et sans élégance. Quand elle veut
faire semblant de s'animer, elle ne connaît d'autre moyen
de peindre une émotion vive, que de se donner un élan qui

semble la précipiter vers la rampe. C'est ce qui a fait dire de
cette actrice sémi-tragique, sémi-comique, et qui est dé-
savouée de Melpomène comme de Thalie, que toute
sa sensibilité est dans ses talons. Ce qui peut consoler Mlle
Bourgoin des rigueurs de la critique, c'est que pour elle le
théâtre a été moins une *fin* qu'un *moyen* : elle est arrivée à
son but; on la dit immensément riche. Des personnes qui
vivent dans son intimité ont essayé de lui faire une réputation d'esprit; mais les mots qu'ils ont cités pour établir cette
renommée sont d'un sel si gros, si âcre, que l'on ne conçoit
pas qu'ils aient pu sortir d'une si jolie bouche. Il n'est pas
étonnant qu'une comédienne qui débite sans réflexion tout
ce qui lui passe dans la tête rencontre quelquefois des *gra-
velures* (nous adoucissons le mot) assez drôles, assez originales; mais si jamais on publie un *Theresiana*, comme
on a imprimé un *Sophiana*, les gens qui dans un demi-
siècle liraient ce recueil, en confondant les personnes et les
dates, pourraient croire que Mlle Bourgoin a été la cuisi-
nière ou la portière de Mlle Arnould.

MLLE MANTE. J'ignore si cette belle et jolie actrice
a fait aussi sa fortune. Je serais tenté de le croire, en
voyant le peu de soin qu'elle met à justifier les espérances
que ses débuts avaient fait concevoir: est-ce que la nécessité
est l'aiguillon obligé du talent? Les acteurs et les actrices du
Théâtre-Français sont donc presque tous riches; et voilà
pourquoi le théâtre est si pauvre.

Les Comiques : MONROSE. C'est bien mieux à Monrose qu'à
Dazincourt que s'applique le mot de comique, plaisanterie
à part; c'est un reproche qu'il a le droit de faire à la nature
qui n'a pas donné aux muscles de sa physionomie la faculté
d'exprimer la gaîté; sa bouche et ses yeux se refusent au rire.
On l'accuse de grimacer, on a tort; son visage est naturellement une grimace. Monrose n'en est pas moins un comédien
d'une intelligence profonde qui a bien saisi toutes les intentions des rôles de son emploi, et qui sait donner des traits
bien caractérisés aux nouveaux personnages qu'il est chargé

le représenter; mais jamais le jeu de Monrose n'a excité ce rire de bon aloi, cette gaîté franche qu'on a raison d'attendre et d'exiger des acteurs qui prennent le titre spécial de *comique*. Une heureuse étoile semble planer sur les comédiens qui tiennent en chef cet emploi. Après la mort de Dazincourt, de Larochelle et la retraite de Dugazon, il n'y avait plus personne, et Thénard se trouva là précisément pour recueillir une succession à laquelle son talent ne lui donnait aucun droit. Thénard, qui était le type de la médiocrité, fut pendant long-temps le *premier comique* du Théâtre-Français : c'était jouer de bonheur, et Monrose lui-même n'a pas été malheureux de n'avoir à remplacer qu'un acteur comme Thénard.

Cartigny. Ses gros yeux, ses grosses lèvres, ses grosses joues, sa grosse tête toute ronde, tout cet ensemble lui donnerait un air assez réjoui et assez réjouissant, si cet ensemble n'était privé totalement d'expression et de mobilité. On prétend que dans l'emploi des *financiers*, auquel il se destine, Cartigny peindra bien la lourde suffisance de ces personnages dont les modèles ne sont pas effacés, comme on affecte de le dire. Cartigny a une école, il fait des élèves. S'il sortait de cette école quelques sujets distingués, ils pourraient se vanter d'avoir rencontré un meilleur maître que n'en a jamais eu leur professeur; au surplus il est des gens fort médiocres dans l'exécution et qui sont très-bons pour le conseil : il serait plaisant qu'on eût supposé Cartigny très-bon pour le conseil, précisément parce qu'il est médiocre dans l'exécution.

Faure. Tout le plaisant de ce *comique* consiste à prendre l'accent normand, et lancer au nez du parterre un gros rire bête; c'est assez de talent pour apporter une lettre en habit de livrée, ou un exploit sous la casaque d'huissier. Je ne connais pas de comédien qui soit mieux à sa place que Faure.

Armand Dailly n'est pas précisément un comique, c'est un niais, et il trouve encore dans le répertoire beaucoup de

2.

rôles qui lui conviennent ; ce niais est très-naturel et très-
divertissant ; il y a une imperturbabilité fort plaisante ; je
ne doute pas qu'il n'eût obtenu une grande vogue et gagné
beaucoup d'argent sur un théâtre subalterne. Cet acteur est
si excellent dans les petits rôles , qu'on n'oserait pas lui en
confier un grand.

Mademoiselle Duchesnois. Que sont devenus ces jours
brillans où Mlle Duchesnois et Mlle Georges, encore dans
leur printemps, se disputaient la palme tragique? Les débuts de ces deux actrices avaient divisé la capitale en deux
partis, que dis-je , en deux factions. Mais à cette époque on
n'en connaissait pas d'autres ; il était bon de les encourager
et d'amuser le public pour que ses réflexions et son ardeur
ne se dirigeassent par sur des sujets plus graves. C'était une
guerre dans les journaux, une lutte dans le parterre, et je ne
sais pas trop s'il n'y eut pas du sang répandu , si des
champions enthousiastes ne tirèrent pas l'épée pour soutenir
la prééminence de la débutante dont ils avaient arboré la
bannière. Dans cette querelle, comme dans beaucoup d'autres, il intervint des conciliateurs qui proposèrent en vain
des accommodemens, des termes moyens : ils furent re-
poussés par les deux partis. Ce fut inutilement que faisant
la part du talent et de la beauté, ils dirent : « L'une est si
» bonne qu'elle en est belle (Mlle Duchesnois); l'autre est
» si belle qu'elle en est bonne. » Les partisans de Mlle Georges prétendaient qu'elle était belle et bonne; ceux de Mlle Duchesnois soutenaient avec un peu moins d'assurance qu'elle
était bonne et belle. Pendant long-temps la salle fut pleine
tous les jours, car les débutantes alternaient. Un autre évé-
nement , une *curiosité* d'une espèce différente vint détourner
l'attention publique. L'ardeur des querelles s'apaisa d'elle-
même, au grand regret du caissier, et les deux débutantes ,
élevées si haut par un enthousiasme exagéré, retombèrent
à leur place. La passion se tut, la justice parla ; on reconnut alors que les deux actrices devaient presque tout le
succès qu'elles avaient obtenu dans quelques rôles aux leçons opiniâtres de maîtres infatigables. On les attendait au

moment où elles seraient abandonnées à elles-mêmes, où ces oiseaux sifflés avec tant d'adresse et de patience voleraient de leurs propres ailes et chanteraient leurs propres airs.

Ce moment vint, et....... Mlle Georges est en ce moment hors de ma juridiction; tragédienne nomade, chef d'une troupe portative, elle ne dédaigne pas les plus obscurs arrondissemens; elle procure aux habitans des petites villes et des gros bourgs des plaisirs jusqu'alors inconnus de ces novices spectateurs, qui n'oseraient pas ne point admirer la grande reine qui les honore de sa visite. Mlle Georges a conquis le surnom de *la Sémiramis des campagnes*, de *la Melpomène des foires*. Nous verrons à son retour, en supposant qu'elle revienne, si elle a gagné ou perdu quelque chose dans le cours de ses conquêtes. En attendant celle qui voyage toujours, occupons-nous de celle qui ne voyage qu'une fois par an.

Mlle Duchesnois devait à la nature un moyen de séduction irrésistible. Sa voix était une musique enchanteresse qui charmait l'oreille, et dont les accens arrivaient jusqu'au cœur sans avoir passé par l'esprit. On écoutait avec tant de ravissement la mélodie de son organe, qu'on prêtait moins d'attention au sens et à l'expression de ses paroles. Un amant disait à sa maîtresse, très-peu spirituelle, mais dont la bouche était ravissante, surtout quand elle parlait : « Je te regarde parler. » Quand Mlle Duchesnois jouait Phèdre, ce n'étaient plus les vers de Racine qu'on écoutait, c'était la voix harmonieuse de l'actrice; et comme Mlle Duchesnois garda long-temps le souvenir des bonnes leçons qu'elle avait reçues, tout contribua à prolonger l'illusion qu'elle produisait, et qui ne permettait pas d'être frappé des disgrâces par lesquelles la nature lui faisait expier le don charmant qu'elle lui avait accordé. Enfin, le talisman se brisa; l'organe de Mlle Duchesnois fut usé par le temps, et plus encore par les efforts pénibles auxquels elle se livrait pour produire des effets au-dessus de ses moyens.

Le jour où le public put s'écrier :

Est-ce là cette voix
Dont les sons enchanteurs m'ont séduit tant de fois?

il s'étonna d'avoir été si long-temps sous le prestige ; il n'était plus séduit par l'oreille, il ne l'avait jamais été par les yeux, et il devint aussi sévère qu'il s'était montré indulgent. Il reconnut avec surprise, et même avec un peu de honte, que Mlle Duchesnois n'avait jamais bien compris un seul des rôles qu'elle chantait si bien.

Lorsqu'elle se montra dans des personnages de nouvelle création, ce défaut parut encore plus saillant. Quand les suffrages des amateurs éclairés se retirèrent de Mlle Duchesnois, elle comprit, et c'était plus facile à comprendre qu'un rôle, que pour avoir des applaudissemens, il est un moyen plus prompt et plus facile que de les mériter. Aussi, depuis qu'elle n'a plus le public pour elle, elle a pour elle *son public;* et chaque fois qu'elle joue, le parterre, et même des places plus distinguées, sont garnis de spectateurs bien-veillans qui applaudissent des grimaces comme l'expression vive d'une physionomie mobile, des cris comme le langage énergique de la passion, et des hoquets périodiques comme les accens d'une profonde sensibilité. Ainsi Mlle Duchesnois est toujours applaudie : il reste à décider si de pareils triomphes sont plus humilians pour ceux qui les décernent que pour ceux qui les obtiennent.

Madame VALMONZEY. Cette actrice est belle, et du genre de beauté qui convient aux rôles qu'elle remplit. Elle sent bien, elle dit juste ; mais.... mais..., ce diable de *mais....* il lui manque.... Eh! quoi donc.....? il lui manque... *le diable au corps;* elle donne des nuances où il faudrait des couleurs bien foncées. Elle est dans la tragédie précisément ce que Mlle Rose Dupuis est dans la comédie : aucune de ces deux dames ne s'offensera du rapprochement.

Madame PARADOL, Mademoiselle DEMERSON. A propos de

pprochement, en voici un qui paraîtra bizarre, et il m'a
é suggéré par une idée bouffonne que je n'ai pas été le
aître d'éloigner. Cette reine, cette soubrette m'ont rap-
elé malgré moi ces comédies *bourgeoises* de garnison, où les
teurs comme les actrices sont également des militaires. On
oisit pour les rôles de femmes les soldats ou les sous-
fficiers dont la figure plus jeune et plus douce, et le men-
on encore ombragé de duvet, ont quelque chose de moins
asculin; mais les habitudes du sexe et de l'état percent à
avers le costume.

Le ton tout-à-fait grenadier de Mlle Demerson, la mâle
ergie que Mme Paradol déploie dans ses gestes, dans sa
émarche, dans son maintien, cette habitude peu féminine
e meurtrir, par des coups sonores, son sein et d'autres par-
es de son corps destinées à de plus doux usages, tout enfin
'a fait croire plus d'une fois que j'assistais à un spectacle
e régiment, et il me fallait regarder autour de moi pour
e persuader que j'étais à la Comédie-Française.

Mademoiselle Dupont. Cette soubrette est du moins de
on sexe; elle a de la vivacité, de la gentillesse, une bouche
gaçante, des yeux provocateurs; son seul tort est de comp-
er un peu trop sur tous ces agrémens-là, et je la soupçonne
e ne pas regarder l'étude de son art comme la plus amu-
ante des occupations. L'emploi des soubrettes paraît facile,
arce que les rôles en sont généralement gais et piquans, et
qu'ils provoquent l'hilarité des spectateurs; mais une actrice
qui voudrait en faire une étude réfléchie, sentirait qu'il faut
eaucoup d'art pour varier son jeu dans des rôles taillés
resque tous sur le même patron, et pour éviter la monotonie, défaut qui détruit l'effet des plus précieuses qualités,
Mlle Dupont ne me paraît pas bien fortement convaincue
e la nécessité d'une pareille étude.

Madame Thénard-Masson, ou Masson-Thénard, ne soup-
conne même pas ce que Mlle Dupont néglige. Le défaut
d'intelligence, la froideur, la monotonie, sont tellement

les caractères distinctifs de son talent, elle est toujours et partout si fastidieusement la même, qu'elle semble jouer indifféremment les confidentes dans la comédie et les soubrettes dans la tragédie.

Madame Desmousseaux, l'égale de Madame Thénard-Masson dans la tragédie, a quelquefois dans la comédie des velléités de talent ; mais ces petits accès n'ont pas de suite.

Michelot. Si une intelligence profonde, un esprit judicieux, un débit d'une justesse exquise, l'observation parfaite des moindres nuances d'un rôle, et une sensibilité naturelle bien dirigée, suffisaient pour faire un comédien parfait, Michelot serait sans rival.

Il ne laisse à désirer qu'un peu plus de force et d'éclat, et la possibilité de varier sa physionomie avec autant d'art et de bonheur qu'il varie son ton, son débit, sa démarche, toutes les habitudes du corps suivant l'âge, le rang et l'esprit des divers personnages qu'il doit représenter ; malheureusement cette physionomie, où prédomine l'instinct d'observation, a un caractère plus que sérieux. Si l'on est obligé de ne classer Michelot que parmi les comédiens du second ordre, il faut convenir qu'il touche de bien près au premier.

Perrier est un acteur intelligent, exact, laborieux, mais qui, sans raison, donne à sa physionomie l'expression de *la fâcherie* ; il s'en aperçoit, se fâche contre lui-même ; de sorte qu'il a toujours l'air fâché : singulière disposition, étrange habitude pour jouer la comédie !

Joanny. Ce tragédien, avant de venir à Paris, avait rempli les départemens de sa gloire voyageuse : on l'avait surnommé *le Talma de la province*. Mais pour un artiste qui a le sentiment de son mérite et qui éprouve le besoin d'une réputation véritable et solide, qu'est-ce qu'une gloire provinciale? Joanny était impatient de voir ses titres à la renommée confirmés par les suffrages de la capitale. L'ouverture du Second-Théâtre-Français lui offrit l'occasion qu'il désirait

puis long-temps. Joanny parut à l'Odéon, et s'il ne fut
int proclamé le rival de Talma, on reconnut du moins
'il n'en avait pas dans la troupe dont il faisait partie.
rès quelques vicissitudes, Joanny est enfin fixé au théâtre
'il faut bien appeler *le premier*, puisqu'il n'y en a pas
autre : c'est vraiment sa place.

Ce n'est ni par la noblesse ni par l'élégance que brille ce
agédien ; la nature a refusé à sa physionomie, et l'art n'a
s donné à sa démarche, à son maintien, à ses gestes, cette
gnité qu'on s'attend à trouver dans les personnages hé-
ïques, dans les rois, dans les princes, dans tous ceux enfin
i commandent aux hommes.

On admire dans cet acteur la profondeur des combinai-
ns tragiques, la physionomie fortement caractérisée qu'il
prime à ses personnages. Il se distingue par une sombre
ergie, par une vigueur farouche ; avec lui, on sait du
ins, dès le premier coup d'œil à qui l'on a affaire, et s'il
arrive quelquefois de se tromper dans la composition
n rôle, il ne se trompe pas du moins comme un igno-
nt et un étourdi ; son erreur est le résultat naturel du pen-
ant qui le porte toujours à *assombrir* ses rôles. Le débit
Joanny est rude, inégal, et l'âpreté de son organe en
nd quelquefois les transitions désagréables à l'oreille,
ais il est plein de force et de chaleur. Enfin, le talent de
anny a je ne sais quoi d'*inculte* qui ne messied pas à l'en-
mble de sa manière. J'emploie le mot inculte, parce que
lui qui exprimerait plus profondément ma pensée n'est
s dans le dictionnaire de la politesse. Un débutant qui ap-
rterait au théâtre les qualités et les défauts de Joanny,
ait un sujet de la plus haute espérance ; on aimerait dans
jeune homme cette allure fière *et même un peu sauvage*,
rce qu'on aurait l'espoir que le travail, les bons exemples,
corrigeraient bientôt de ses imperfections, et, qu'on me
rmette cette image, que la lime du goût aplanirait les as-
rités de son talent. Mais Joanny a passé l'âge des progrès ;
faut jouir de lui tel qu'il est, et faire des vœux pour ne
ir jamais au théâtre de tragédien moins estimable.

David. Il y a déjà long-temps qu'on appelle David jeune *acteur*. Si ses amis ont ainsi voulu prolonger pour lui la période de l'indulgence, ils n'ont pas pris un soin superflu. Il a encore grand besoin de l'indulgence, qu'il devrait maintenant dédaigner s'il eût rempli toutes les espérances que ses premiers essais avaient fait concevoir.

Dans ses débuts et dans quelques rôles qu'il a créés à l'Odéon, David s'était fait applaudir par une certaine chaleur juvénile, par des élans d'une sensibilité qui ne demandait qu'à être bien réglée. Son ton s'élevait sans peine jusqu'à l'expression des plus nobles sentimens, et l'élégance de ses manières secondait heureusement celle de son débit. Aujourd'hui l'on se demande ce que sont devenus tous ces avantages qui, développés par l'étude et le travail, promettaient à la scène un charmant acteur. David croit-il avoir atteint le terme de la carrière? je lui suppose trop de bon sens et de modestie pour tomber dans cette orgueilleuse erreur. Qu'il se remette donc à marcher; car, dans la route qu'il a entreprise, ne pas avancer, c'est reculer.

Desmousseaux, dans l'emploi des rois, des pères nobles et des raisonneurs, n'est pas meilleur que Saint-Aulaire.

Saint-Aulaire n'est pas plus mauvais que Desmousseaux.

Dumilatre est excellent dans les rôles de confident qui n'ont pas de récit à faire : c'est le Faure de la tragédie.

Mademoiselle Brocard est fort jolie, et ordinairement habillée avec beaucoup d'élégance.

Guiaud. Quand cet acteur a dit le premier et le dernier mot d'un rôle, il s'imagine bonnement qu'il l'a joué. Le mot *insignifiant* semble avoir été créé pour lui : et c'est là le successeur de Grandmenil!

Samson offre la preuve la plus convaincante qu'avec beaucoup d'intelligence et d'esprit, on peut être un mauvais comédien. Il figure parmi les comiques, et jamais un éclair de gaité n'est venu animer ses yeux, jamais un rire franc

'a entr'ouvert ses lèvres : aussi n'a-t-il jamais déridé le front
es spectateurs, il ne réussit qu'à les mettre à sa tempéra-
ure, un peu au-dessous de la glace. On a dit que sa trans-
migration avait apprauvri l'Odéon ; elle n'a pas enrichi la
Comédie Française.

M. et Mme MENJAUD ont mis en commun un fonds de
médiocrité qui leur permet de vivre dans une douce intelligence. Ce mariage s'est fait, dit-on, sous les auspices de
Mlle Mars ; elle aurait dû, sans crainte de s'appauvrir,
doter d'un peu de talent ces pauvres petits époux.

Mademoiselle HERVEY. Oh ! lorsqu'à dix-huit ans cette
charmante comédienne était si vivement applaudie, si uni-
versellement adorée à Lyon, que n'a-t-elle suivi le conseil que ne cessait de lui donner un de ses vrais amis, et dont
peut-être elle n'a pas perdu le souvenir ! Mlle Joli était
morte ; Mlle Devienne et Mlle Emilie Contat, sœur assez
médiocre de la célèbre Contat, pensaient à se retirer.
L'emploi des soubrettes était vacant. Si Mlle Hervey fût
arrivée alors avec sa délicieuse figure, ses traits si piquans,
ses yeux si expressifs, sa physionomie si mobile, avec sa
voix agréable mordante, *quand elle ne chantait pas*, et
surtout avec cet art si précieux et si rare de jouer la comédie avec les yeux et les lèvres, d'animer un rôle, d'échauf-
fer une scène, sans dépasser jamais les limites de la bien-
séance et du bon goût ; si elle fût arrivée alors, elle serait
aujourd'hui à la tête de la troupe où elle remplit un emploi
subalterne ; son sort serait fait, et l'on se mettrait à ses pieds
pour la prier de ne pas prendre sa retraite. Son étoile en a
décidé autrement. Il y a de la fatalité, même dans les af-
faires de comédie. Mlle Hervey a parcouru au Vaudeville
une carrière qui ne l'a conduite ni à la gloire, ni à la
fortune, *elle a gaspillé son talent*, et n'est arrivée enfin
au théâtre dont elle eût été un des plus beaux ornemens,
que pour y jouer des rôles qui ne demandent qu'un débit
raisonnable et une tenue décente. Elle trouve encore le
moyen de s'y faire applaudir.

Mademoiselle Despréaux : elle était charmante dans les rôles d'enfant, et elle ne fait que sortir de l'âge convenable à son premier emploi. C'est une jolie petite fleur à peine épanouie, qu'il ne faut ni dessécher par le vent trop rigoureux de la critique, ni flétrir par le souffle empoisonné de la flatterie. On doit l'encourager et attendre.

PLUSIEURS PORTRAITS SOUS LE MÊME NUMÉRO. Qui pourrait me dire ce que font au Théâtre-Français MM. *Montigny*, *Berger*, *Bouchet*, *Rosan*, *Delafosse*, *Camille*, *Marius* au nom antique, et quelques autres que j'oublie peut-être, sans demander pardon à mes lecteurs d'une omission qu'ils n'apercevront pas? Pourquoi ce troupeau de prétendus acteurs que l'on flatterait en les appelant médiocres, pourquoi ce troupeau est-il parqué dans le temple de Thalie et de Melpomène? Demandez ce secret à la négligence dédaigneuse, à l'orgueilleuse paresse de MM. et de Mmes les sociétaires, qui pour étendre le cercle de leurs plaisirs ont soin de rétrécir celui de leurs devoirs. A quoi serviraient de jolies maisons de campagne, si l'on ne se procurait le loisir d'y passer quelques jours? Et puis ne se doit-on pas un peu au monde, à ses amis? faut-il donc se sacrifier entièrement à son art et au public? faut-il manquer d'agréables parties pour venir jouer un seul petit rôle dans une petite pièce? cela vaut-il la peine de s'habiller, et ne serait-ce pas compromettre la dignité de chefs d'emploi? Il est vrai que si ces messieurs, et surtout ces dames, qui ne lisent guère, voulaient se donner la peine de parcourir seulement les archives de la Comédie-Française, ils verraient qu'en telle et telle année Molé, qui était aussi chef d'un emploi dont il ne s'acquittait pas trop mal, Molé, qui était homme de plaisir, a joué 263 fois dans la même année et 95 rôles différens, et que parmi ces rôles il en est beaucoup que dédaigneraient les doublures d'aujourd'hui. Le Kain, Larive ne laissaient jamais à d'autres le rôle du porteur de chaises dans *les Précieuses ridicules*. J'ai vu ce dernier tragédien remplir très-gaîment le rôle de Grippe-Soleil dans *le Mariage de Figaro*, et Talma dans le cours de ses brillans débuts, le lendemain d'un triomphe tragique, paraître dans *l'Avocat Patelin*, pour dire : « Mon père, j'ai trop de respect pour vos moutons. » Le public se plaisait à récompenser ces grands acteurs, par de joyeux applaudissemens, de ce qu'il regardait comme un acte de complaisance. Mais cet acte de complaisance avait un utile résultat : il épargnait à la caisse la charge de payer tant d'obscurs pensionnaires, et à la Comédie la honte de les montrer. Rarement on admettait un pensionnaire sans l'espérance, fondée sur son talent, de le recevoir un jour sociétaire.

Il est évident que la solde de tous ces comédiens sans avenir, qui arrivent aujourd'hui de la province, pour y retourner demain et faire place à d'autres du même acabit, diminue d'autant la part des sociétaires. Mais la subvention royale est là. Convenons que l'argent du Roi est bien employé.

Le vieil Amateur.

PS. Cette Revue théâtrale est extraite de l'*Écho de Paris*, journal quotidien.

Imprimerie de THERHAN, rue Traînée-St-Eustache, n° 15.